दायरों में फैली लकीर

वाणी प्रकाशन
21-ए, दरियागंज, नयी दिल्ली-110002
फोन : 011-23273167, 23275710
फैक्स : 011-23275710
e-mail : vaniprakashan@gmail.com
website : www.vaniprakashan.com

दायरों में फैली लकीर

किश्वर नाहीद

रूपान्तरण

प्रदीप 'साहिल'

वाणी प्रकाशन का लोगो
विख्यात चित्रकार मक़बूल फ़िदा हुसेन
की कूची से

सर्वाधिकार सुरक्षित

प्रकाशक की लिखित अनुमति के बिना इस पुस्तक को पूरी तरह अथवा आंशिक तौर पर या पुस्तक के किसी भी अंश को फ़ोटोकॉपी, रिकॉर्डिंग अथवा इलेक्ट्रॉनिक अथवा ज्ञान के किसी भी माध्यम से संग्रह व पुनर्प्रयोग की किसी भी प्रणाली द्वारा इस पुस्तक का कोई भी अंश प्रेषित, प्रस्तुत अथवा पुनरुत्पादित ना किया जाये।

ISBN : 978-93-5229-122-9

वाणी प्रकाशन
21-ए, दरियागंज, नयी दिल्ली-110002
द्वारा प्रकाशित

प्रथम संस्करण : 2008
© लेखकाधीन

© हिन्दी संस्करण : वाणी प्रकाशन
मूल्य : 100.00

आवरण : वाणी चित्रांकन

जय भारत प्रेस, शाहदरा, दिल्ली-110032
द्वारा मुद्रित

DAYRON MEIN PHAILI LAKEER
***by* : Kishwar Naheed**
Translated by : Pradeep 'Sahil'

अनुक्रम

पेश लफ़्ज़ (भूमिका)

शऊर (बोध) अपनी ज़ात (अस्तित्व) का हो चाहे अपनी दुनिया का, जब तक एक से दूसरे की पहचान नहीं होती, उसे अधूरा ही कहा जाएगा। मग़रिब (पश्चिम) में दूसरी और तीसरी दहाई के अदब (साहित्य) ने इस मीलान को रिवायती और ग़ैर-रिवायती के बीच एक नयी हद्दे-फ़ासिल (विभाजक-रेखा) से ताबीर (सम्बोधित) किया था। यह ताबीर (सम्बोधन) ता-हाल (अभी तक) रद्द नहीं हुई। 'किश्वर' नाहीद के बारे में सोचते वक़्त इस बात की तरफ़ ध्यान यूँ जाता है कि उसके पूरे सफ़र का सबसे ताबनाक (चमकता हुआ) ज़ाविया (कोण) यही है। उन लोगों से मुझे हौल आता है जो शऊर का लफ़्ज़ ज़ुबान पर आते ही ज़ात और काइनात (व्यष्टि और समष्टि) की दुई (द्वैत) को मिटाने पर तुल जाते हैं। मसूअला इस दुई को मिटाने का नहीं, बल्कि दोनों की इन्फ़िरादियत (अलग पहचान) को बचाते हुए उनकी बाहमी (आपसी) रब्त-ज़ब्त (सरोकारों) की समझ का है। मुरव्वजा मफ़हूम (प्रचलित अर्थ) में 'किश्वर' की शायरी न तो सिर्फ़ ऐतिराफ़ (स्वीकृति) की शायरी है, न सिर्फ़ सवानही (नितान्त वैयक्तिक), समाजी, सियासी और इम्रानी (जनसंख्या सम्बन्धी) मसूअले की। इस शायरी का किरदार ऐसे किसी भी दायरे का पाबन्द नहीं। शायद हो भी नहीं सकता। जितना पेचीदा यह अहद (काल, दौर) और इस अहद का इन्सान है, उसकी सारी जिहतों (दिशाओं, परतों) को तसव्वुरात (काल्पनिकता) के एक दायरे में समेटने की जुस्तजू बेकार है।

'किश्वर' की नयी किताब 'सियाह हाशिये में गुलाबी रंग' की एक नज़्म का उनवान (शीर्षक) है : 'दायरों में फैली लकीर'। इस्तिआरे (काव्य में अमूर्त्त का मानवीकरण) की ज़ुबान में कहा जा सकता है कि आज के इन्सान और उसकी हस्ती का जब्र (अन्याय) बनने वाले सियासी, समाजी, इम्रानी माहौल का आपसी रिश्ता भी यही लकीर और दायरों का है। कितने ख़ानों

में बँट जाने के बाद भी लकीर का तसलसुल (निरन्तरता) बाक़ी रहता है। और यही तसलसुल एक-दूसरे से अलग, छोटे-बड़े दायरों में क़ुर्बत (निकटता) का बहाना बनता रहता है। आम ज़िन्दगी की बात और है, लेकिन अदब (साहित्य) या फ़ुनून (कलाओं) की दुनिया में निजी मसूअले भी सिर्फ़ निजी नहीं होते, न ही इज्तिमाई (सामूहिक) मसूअला सिर्फ़ इज्तिमाई होता है। यहाँ राज़ बाँटे जाते हैं और तरसील (सम्प्रेषण) के सवाल पर लिखने वाला जो भी राय रखता हो, पढ़ने वाले को वह बहरहाल अपने तज्रिबे में शरीक करना चाहता है। इस सच की शहादत (मौजूदगी) ज़ाती और इज्तिमाई सवानह (सामूहिक जीवन) की गिरफ़्त के बावजूद, जितने बड़े पैमाने पर हमें 'किश्वर' की शायरी में मिलती है उस पर हमारे ज़माने के बस थोड़े-से शायर पूरे उतरते हैं। यह शायरी हमें एक हस्सास (संवेदनशील) और बाख़बर फ़र्द (मनुष्य) से तो रू-शनास (परिचित) कराती ही है, हमें भाँति-भाँति के बन्धनों में जकड़ी दुनिया को भी एक नये ज़ाविये (दृष्टिकोण) से देखने और समझने की दावत देती है। ख़ूबी की बात यह है कि न तो इस शायरी का सियाक़ (गणित) बनने वाले दायरे टूटते-बिखरते हैं, न उन दायरों में फैली लकीर का तसल्सुल बिगड़ता है। सो यह शायरी एक साथ जदीद (आधुनिक) भी है और तरक़्क़ी-पसन्द भी, इसका आहंग (स्वर) शख़्सी (वैयक्तिक) भी है और इज्तिमाई भी। इसमें ऐतिराफ़ (स्वीकृति) से लेकर इनकार और अहतिजाज (वाद-विवाद) तक, आप-बीती से जग-बीती तक, बहुत से धारे शामिल हैं। धारों की दिशायें अलग-अलग हैं, लेकिन न तो ये एक-दूसरे की तर्दीद (खण्डन) करते हैं, न एक-दूसरे पर हावी होने की कोशिश। इनकी यकजाई (संयुक्त उपस्थिति) इनमें से किसी की गुमशुदगी का सबब (कारण) नहीं बनती।

तजुर्बों की क़ुबूलियत के इसी मरहले पर, हर लिखने वाले की तख़्लीक़ी (रचनात्मक) ताक़त और मुदाफ़अत (अभिव्यक्ति) का इम्तिहान दरपेश होता है। 'किश्वर' की शायरी, इस ऐतिबार से एक ग़ैर-मामूली हिस्सी (इन्द्रिय सम्बन्धी) और ज़हनी फैलाव का अहसास दिलाती है, इसी के साथ-साथ उसकी फ़नकाराना बसीरत (कलात्मक प्रतिभा) का भी। 'लबे-गोया' की ग़ज़लों से 'सियाह हाशिये में गुलाबी रंग' की नस्री (गद्यात्मक) नज़्मों तक का सफ़र लम्बा है। फ़िक्र की कुशादगी (व्यापकता) और नये तजुर्बों की शिनाख़्त के साथ, यह बसीरत अपने लहजे और इज़्हार की हैयतें (रूपाकृतियाँ) भी तब्दील करती

जाती है। तब्दीली का अमल अगर खुद-कार हो तो लफ़्ज़ो-बयान (अभिव्यक्ति) के साँचे इस तरह बदलते हैं जैसे मौसम बदलता है। 'किश्वर' के फन्नी इद्राको-अहसास (कलात्मक समझ और संवेदना) की रफ़्तार ख़ासी तेज़ रही है। ताहम (फिर भी) उस पर किसी अनहोनी का गुमान नहीं होता कि पिछले बीस-पच्चीस बरसों में ज़िन्दगी की रफ़्तार भी उतनी ही तेज़ रही है। मग़रिब (पश्चिम) ने तो ख़ैर शायरी की जमालियात (सुन्दरता) को क़लम और रौशनाई से टाइप राइटर और कार्बन तक पहुँचा दिया और संगीतकारों ने इनसानी दिल के धड़कने की आवाज़ भी धातु के बने साज़ से निकाल ली, लेकिन 'किश्वर' ने तग़य्युरात (परिवर्तनों) के शोर-शराबे में घिरी दुनिया से अपनी वाबस्तगी (निकटता) के होते हुए भी अपनी इन्फ़िरादियत (अलग पहचान) का आहंग (स्वर) महफ़ूज़ रखा। ज़ाहिर है कि इसके लिए नज़्म से ज़्यादा मौज़ूँ (उचित) ग़ज़ल की सिन्फ़ (विधा) थी। 'किश्वर' की शायरी में भी ग़ज़ल और नज़्म के रंगों का फ़र्क़ साफ़ है। नज़्म में लहजे की अजमियत (समझ) ग़ज़ल के बरअक्स (विपरीत), ब-तद्रीज (धीरे-धीरे) कम होने की बजाय, एक बड़ी जुस्त (खोज/छलाँग) की तालिब (इच्छुक) थी। मेरा ख़्याल है कि लगभग उन्हीं दिनों मुआसिर अहद (उस समय की) आलमी-शायरी और तनक़ीद (समालोचना) ख़ास तौर पर तीसरी दुनिया के अदब को 'किश्वर' ने जो तर्जुमे का मौज़ू (अनुवाद का विषय) बनाया तो यह भी अपनी दाख़िली (आन्तरिक) ज़रूरत के तहत। इसीलिए बयान की वह शायरी जो हमें 'गलियाँ, धूप, दरवाज़े' और 'मलामतों के दरम्यान' और 'सियाह हाशिये में गुलाबी रंग' में मिलती है, इसे 'बेनाम मुसाफ़त' की पाबन्द नज़्मों से झाँकती हुई बसीरत का अगला क़दम समझना चाहिए। बाद के इन तीनों मज्मूओं (संग्रहों) की नज़्में अपनी बुनत और माहीयत (वास्तविकता) दोनों के लिहाज़ से वुसअत-पज़ीर (विस्तृत) हैं। इस अमल में तजुर्बे और उसकी लिसानी (भाषिक) वारदात का तवाज़ुन (सन्तुलन) बरक़रार रहा है। 'किश्वर' की ज़्यादातर नस्री नज़्में (गद्य कविताएँ) इसीलिए इकाइयाँ बन सकती हैं। ये नज़्में महज़ ज़हन की बाग़ियाना (विद्रोही) लय या जज़्बे के हैजान (आवेग) को सामने नही लातीं। उनसे एक मुरत्तब, मतीन (गम्भीर), ज़ब्त की आदी मगर सरगर्मे-हिस्सीयत की तस्वीर उभरती है।

यह सही है कि अचानक तब्दीली की भी अपनी मिंतक़ होती है। मगर यह भी सही है कि बदला हुआ दिखाई देने से बहुत पहले ही बदलते

जाने का अमल शुरू हो जाता है। 'किश्वर' की शायरी में तब्दीली से ज़्यादा नुमायाँ अमल इन्जिज़ाब और दरयाफ़्त (आत्मसात् होने और जिज्ञासा) का है। इसे देखते वक़्त हम यह भी महसूस करते जाते हैं कि तजुर्बों की नयी फ़स्ल के साथ बातिन (आन्तरिक) का मंज़रिया (दृश्यांकन) भी पहले जैसा नहीं रहा। ज़हन और हवास मुतहर्रिक (गतिशील) हों तो उस तहर्रुक (गत्यात्मकता) की छाप शेर पर लाज़िमन (अवश्य ही) पड़ती है। एक और पहलू जो इसी मसूअले से निकलता है, ये है कि हिस्सियत (संवेदना) के सफ़र में लिखने वाला नयी दरयाफ़्तों (गवेषणाओं) के साथ-साथ, अपनी हिस्सियत के कुछ पुराने अनासिर (तत्त्वों) से दस्त-बरदार (विमुख) भी होता जाता है। यह पूरा सिलसिला रद्दो-क़ुबूल (स्वीकार-अस्वीकार) का है, और अपनी नौईअत (विशेषता) के लिहाज़ से बहुत फ़ितरी। मगर इसी सिलसिले ने हमारे अहद (युग) के अदब (साहित्य) को (और फ़ुनून (कलाओं) में सबसे ज़्यादा मुसव्विरी (चित्रकला) और मुजस्सिमा-साज़ी (मूर्ति-कला) को) एक मज्हक़ (हास्यास्पद) सूरते-हाल तक भी पहुँचाया है। रद्दो-क़ुबूल का अमल जब तक अपना जवाज़ (औचित्य) साथ न लाये और यह जवाज़ तजुर्बे और इज़हार की मज्मूई (संयुक्त) सरगर्मी का हिस्सा न बने, उस वक़्त तक इस पूरे अमल में और भेड़-चाल में कोई फ़र्क़ नहीं। 'किश्वर' के शेरी सफ़र और 'लबे-गोया' से 'सियाह हाशिये में गुलाबी रंग' तक फैली हुई मुसल्सल (निरन्तर) कहानी पर नज़र डाली जाये तो अन्दाज़ा होता है कि 'किश्वर' की हिस्सियत में तरक़्क़ी और तौसीअ् (विस्तार) और तब्दीली का हर निशान माहौल के जब्र (उत्पीड़न) और ख़ुद अपनी साइकी (परछाईं) के जब्र से यकसाँ (एक समान) तअल्लुक़ रखता है। ये दोनों जब्र एक दूसरे की पहचान बनते हैं। इसीलिए 'लबे-गोया' के बाद आने वाली किताब अपने बाद की किताब का उक़्बा (अदृश्य) पर्दा दिखाई देती है। और इसका मफ़हूम (अर्थ) जिन हवालों की मदद से मुतय्युन (निर्धारित) होता है, उनमें एक बुनियादी हवाले की हैसियत उस उक़्बा पर्दे को हासिल है, यही वह सतह है जिस पर पस-मंज़र और पेश-मंज़र की दूरियाँ सिमट जाती हैं।

—शमीम हनफ़ी

ग़ज़ल

हौसला, शर्ते-वफ़ा,[1] क्या करना
बन्द मुट्ठी में हवा, क्या करना

जब न सुनता हो कोई, बोलना क्या
क़ब्र में शोर बपा, क्या करना

क़हर[2] है लुत्फ़[3] की सूरत[4] आबाद
अपनी आँखों को भी वा[5], क्या करना

दर्द ठहरेगा वफ़ा की मंज़िल
अक्स[6] शीशे से जुदा, क्या करना

शम्अ-ए-कुश्ता[7] की तरह जी लीजे
दम घुटे भी तो गिला, क्या करना

दिल के ज़िन्दाँ[8] में है आराम बहुत
वुसअते-दश्त-नुमा[9] क्या करना

मेरे पीछे मिरा साया होगा
पीछे मुड़ कर भी भला क्या करना

कुछ करो यूँ कि ज़माना देखे
शोर गलियों में सदा क्या करना

---

1. वफ़ादारी की शर्त, 2. उत्पीड़न, 3. मेहरबानी, 4. तरह, 5. खोलना, 6. प्रतिबिम्ब, 7. बुझी हुई मोमबत्ती, 8. बन्दीगृह, जेल, 9. जंगल की-सी विस्तीर्णता।

ग़ज़ल

मैं नज़र आऊँ, हर इक सिम्त[1], जिधर से चाहूँ
ये गवाही मैं हर इक आईना-गर[2] से चाहूँ

मैं तिरा रंग हर इक मत्ला-ए-दर[3] से माँगूँ
मैं तिरा साया हर इक रहगुज़र[4] से चाहूँ

सोहबतें ख़ूब हैं ख़ुश-वक़्ती-ए-ग़म[5] की ख़ातिर
कोई ऐसा हो जिसे जानो-जिगर से चाहूँ

मैं बदल डालूँ वफ़ाओं की जुनूँ-सामानी[6]
मैं उसे चाहूँ तो ख़ुद अपनी ख़बर से चाहूँ

आँख जब तक है नज़ारे की तलब[7] है बाक़ी
तेरी ख़ुशबू को मैं किस ज़ौक़े-नज़र[8] से चाहूँ

घर के धंधे कि निमटते ही नहीं हैं 'नाहीद'
मैं निकलना भी अगर शाम को घर से चाहूँ

---

1. ओर, तरफ़, 2. आईना बनाने वाले, 3. द्वार रूपी मत्ला (मत्ला ग़ज़ल के पहले शेर को कहा जाता है), 4. मार्ग, रास्ता, 5. दुख के अच्छे समय, 6. उन्मादावस्था, 7. कामना, तीव्र इच्छा, 8. दृष्टि की अभिरुचि।

ग़ज़ल

वो अजनबी था, ग़ैर था, किसने कहा न था
दिल को मगर यक़ीन किसी पर हुआ न था

हमको तो अहतियाते-ग़मे-दिल[1] अज़ीज[2] थी
कुछ इसलिए भी कम-निगही[3] का गिला न था

दस्ते-ख़याले-यार[4] से फूटे शफ़क़[5] के रंग
नक़्शे-क़दम[6] भी रंगे-हिना[7] के सिवा न था

ढूँढ़ा उसे बहुत कि बुलाया था जिसने पास
जलवा मगर कहीं भी सदा[8] के सिवा न था

कुछ इस क़दर थी गर्मी-ए-बाज़ारे-आरज़ू[9]
दिल जो ख़रीदता था उसे देखता न था

कैसे करेंगे ज़िक्रे-हबीबे-जफ़ा-पसन्द[10]
जब नाम दोस्तों में भी लेना रवा[11] न था

कुछ यूँ ही ज़र्द-ज़र्द[12] सी 'नाहीद' आज थी
कुछ ओढ़नी का रंग भी खुलता हुआ न था

---

1. हृदयगत पीड़ा का रख-रखाव, 2. प्रिय, 3. उपेक्षा, 4. प्रिय के विचार रूपी हाथ, 5. सुबह या शाम के समय आसमान पर छा जाने वाली लाली, 6. क़दमों का निशान, 7. मेहँदी के रंग, 8. आवाज़, 9. प्रेम रूपी बाज़ार की गर्मी, 10. उत्पीड़न-प्रिय प्रेयसी की चर्चा, 11. वाज़िब, उचित, 12. पीली-पीली।

ख़िज़ाँ का गीत

मुझको देखो तो फिर इस ख़ेमा-ए-हिर्मां[1] से निकल कर देखो
देखो तो पीले गुलाबों से भी बढ़ के
मिरे रुख़सार[2] की पीली रंगत
देखो वो आँखें जिन्हें ख़्वाब-परस्त[3]
झील कहा करते थे
अब वही आँखें हैं, ग़ारों[4] की तरह से वीराँ
और वही हाथ कि जो ताज़ा शिगूफ़ों[5] से भी
नाजुक थे कभी
आज सूखी हुई रोटी की तरह ख़ाकस्तर[6]
और वो नक़्शे-कफ़े-पा[7]
कि जो रस्तों को गुलाबी करके
दाइमी[8] रक़्से-बहाराँ[9] के अमीं[10] होते थे
आज हैं उजड़े दयारों[11] की तरह
तुम कि हो ख़ेमा-ए-हिर्मां[12] में मुक़ैयद[13] अब तक
खुद को इक साया-ए-शब[14] कहते हो
और फिर अपने ही साये से गुरेज़ाँ[15] भी हो
झाँक तो लो कभी खुमख़ाना-ए-दिल[16] के अन्दर
और कभी दुनिया का नैरंग[17] तमाशा देखो
कुछ न हो तो ये मिरा उजड़ा सरापा[18] देखो

---

1. निराशा रूपी तम्बू, 2. गालों, 3. स्वप्न-जीवी, 4. गुफाओं, 5. कलियों, 6. तुच्छ, 7. पद-चिह्न, 8. स्थायी, सतत, 9. बहारों का नृत्य, 10. साक्षी, संरक्षक, 11. मैदानों, 12. निराशा रूपी तम्बू, 13. बन्दी, क़ैद, 14. रात का साया, 15. विमुख, 16. हृदय रूपी मदिरालय, 17. मायावी, 18. सम्पूर्ण अस्तित्व।

इस्बात

मेरे वीराना-ए-तन में[1] जागा
ज़ीस्त[2] का कामनी अहसास
सबुक सारी-ए-साहिल[3] का फ़ुसूँ[4]
और बेपायाँ[5] उमड़ती हुई लहरों का ज़बूँ[6]
मुझसे पूछा मिरे हर इक अंग ने
अब तो बोलो!
क्या तुम्हें फूल के खिलने का सबब[7] है मालूम
मैं हँसी
और मची सहन[8] में धूम

---

1. शरीर के वीराने में, 2. जीवन, 3. सागर-तट की बेफ़िक्री, 4. जादू, 5. असीम, 6. उत्थान-पतन, 7. कारण, 8. आँगन।

ख़्वाब में ख़्वाब का डर

किसने कहा था उनसे मिलो
बात भी करो
ईंटों का रंग सुर्ख़[1] है,
दीवार भी है सख़्त
दीवार पर जड़ी हुई शीशे की टुकड़ियाँ
नाजुक हथेलियों को करेंगी लहू-लुहान
आँगन में उसके झाँकने देंगी न रात को
अब तो हवा के साथ भी बातें करोगी तुम
दिन में तो दफ़्तरों के मशाग़िल[2] बहुत से हैं
रातों को दिल का चोर न सोये न सोने दे

---

1 लाल, 2. कार्य।

कँवारपने की सोच

जवान लड़कियाँ टीन की छत के ऊपर खड़ी सोचती हैं
ये गर्मी जो पाओं को लिपटी हुई है
अगर सख़्त ठिठुरे हुए जिस्म में फैल जाये
तो हल्की गुलाबी नसों को
दहकते हुए सुर्ख़[1] शोलों की भट्ठी बना दे
हर इक नब्ज़ को नब्ज़े-तूफ़ाँ[2] बना दे
हर इक साँस को शोला-सामाँ[3] बना दे
हर इक ख़्वाब को रिश्ता-ए-जाँ[4] बना दे
मगर फिर ये तूफ़ाँ-ज़दा[5] ज़िन्दगी
क्या यूँ ही फिर झुलसती हुई धूप में
टीन की छत के ऊपर खड़े
आते-जाते मुसाफ़िरों के साये को तकती रहेगी!

---

1. दग्ध, लाल, 2. तूफ़ान की नब्ज़, 3. लपटें उठाती हुई-सी, 4. प्राणों से सम्बद्ध, 5. तूफ़ानों की सताई हुई।

पहला सफ़ेद बाल

वहशत-आमेज़[1] ख़यालों की लकीरें जागीं
शोला-ए-ख़्वाहिशें-नायाफ़्त[2] भड़ककर चमका
साये लम्बे हुए सब बीते हुए बरसों के
ज़हन[3] ने उम्रे-गुरेज़ाँ[4] से तअल्लुक़[5] बाँधा

आईना, होश की मिक़्राज[6] बना
पेश-गोई[7] के हयूलों[8] के हवाले करके
कर गया सीना-ए-सोज़ाँ[9] की तपिश को अर्ज़ंग[10]
आतिशीं ज़हर-सा[11] रग-रग में मिरी छोड़ गया
बेकराँ[12] शौक़ की मौजों[13] का फ़ुसूँ[14] तोड़ गया

काले बालों में वो मरमर[15] की चमक
यख़ सफ़ेदी[16] के तनावों में निहाँ[17]
ढीली पड़ती हुई गुज़रे हुए बरसों की गिरफ़्त
मुझको अंदेशों[18] की दहलीज़ पे ले आई है
आईना, शौक़ की तक़सीर[19] बना!

---

1. उन्माद-युक्त, 2. अतृप्त इच्छाओं का शोला, 3. मस्तिष्क, 4. बीती हुई आयु, 5. सम्बन्ध, 6. क़ैची, 7. भविष्य-कल्पना, 8. ख़याली आकारों, 9. दग्ध हृदय, 10. चीन का एक विख्यात चित्रकार, 11. जलते हुए ज़हर के जैसा, 12. असीम, 13. लहरों, 14. जादू, 15. संगे-मरमर, 16. बर्फ़ जैसी सफ़ेदी, 17. निहित, रचा हुआ, 18. आशंकाओं, 19. दोष, ग़लती

यूसुफ़े-कामरान*

वो तो मुजरिम[1] था मुहब्बत का
मैं उसे जानती थी
मैं तो उस शख़्स के हर नक़्श[2] को पहचानती थी
मैं उसे चाहती थी

वो शफ़क़-रंग[3] हया[4] जिसको कहें
थी यही मेरी वफ़ा की ताबीर[5]
वो बहाना जिसे चश्मक[6] समझें
थी मिरे-तिरे तअल्लुक़[7] की नज़ीर[8]

तू कि महबूब[9] मुझे था, मुझे मालूम है ये
तू कि मुजरिम था
मिरे प्यार, मिरी चाहत का

तू कि दीवाना-ए-मख़्फ़ी-ए-मुहब्बत[10] था सदा
तुझको क्या सूझी
कि क़दमों के निशाँ उलझाकर
चेहरा-ए-ज़र्द[11] लिये

*कामयाब यूसुफ़

मेरी हथेली पे लगी मेहँदी को धुन्दलाने लगा
जेल की गर्म सलाख़ों से

मिरे बच्चों को तड़पाने लगा
तू कि मुजरिम था मुहब्बत का

ज़माने को ख़बर कैसे हुई!!

---

1. अपराधी, 2. अन्दाज़, तेवर, 3. सुबह की लाली के समान, 4. लज्जा, संकोच, 5. पूर्णता, स्वप्न-पूर्ति, 6. गुप्त संकेत, 7. सम्बन्ध, 8. मिसाल, 9. प्रिय, 10. आन्तरिक प्रेम का दीवाना, 11. पीला चेहरा

घास तो मुझ जैसी है

घास भी मुझ जैसी है
पाँव तले बिछकर ही, ज़िन्दगी की मुराद पाती है
मगर ये भीगकर किस बात की गवाही बनती है
शर्मसारी[1] की आँच की
कि जज़्बे[2] की जिद्दत[3] की

घास भी मुझ जैसी है
ज़रा सर उठाने के क़ाबिल हो
तो काटने वाली मशीन
उसे मख़मल बनाने का सौदा[4] लिए
हमवार[5] करती रहती है
औरत को भी हमवार करने के लिए
तुम कैसे-कैसे जतन करते हो
न ज़मीं की नमू[6] की ख़्वाहिश मरती है
न औरत की
मेरी मानो तो वही पगडण्डी बनाने का ख़याल दुरुस्त था
जो हौसलों की शिकस्तों की आँच न सह सकें
वो पैवन्दे-ज़मीं[7] होकर
यूँ ही ज़ोर-आवरों[8] के लिए रास्ता बना देते हैं
मगर वो परे-काह[9] हैं
घास नहीं
घास तो मुझ जैसी है

---

1. शर्मिन्दगी, 2. भाव, 3. आधुनिकता, 4. उन्माद, 5. समतल, 6. उभरने, अभिव्यक्ति, 7. ज़मीं का पैवन्द, 8. ताक़तवरों, 9. सूखे हुए तिनके।

नीलाम-घर

मौत का ज़ाइक़ा[1]
लफ़्जों के पैकर[2] में
उसके होंटों से टपकता है
वो नफ़रतों को बोसों[3] का रंग देकर
मेरे मुँह पर नीले-नीले दाग़ डालकर
ये जताना चाहता है
कि उसे मेरे जिस्म को हर तरह से इस्तेमाल करने का हक़ है
ये हक़ भी क्या अजीब होता है!
हक़ जताने की ख़्वाहिश
महकूमियत[4] की ढाल पे अपना छत्र बतानी है
हक़ जताने की ख़्वाहिश
हर किज़्ब[5] और रियाकारी[6] को सदक़े होती
मुहब्बतों का नक़ाब उढ़ाती है
मगर नक़ाब के नीचे से चेहरा
अब तो और भी साफ़, और भी वाज़ह[7] नज़र आता है
तर्ग़ीब[8] और तज़ूलील[9] यकजान[10] होकर
रूह बनते हैं
नफ़रतों की झील में पाँव लटकाकर बैठने से
माथों पे लिखी उज़्लतों[11] की सियाहियाँ[12] धुल तो नहीं जाती हैं
हाँ, मुसाफ़तों[13] की मायूसियों की मिट्टी
अपना आप छोड़ देती है
तपे हुए तन्नूर से जिस तरह फूली हुई रोटियाँ बाहर निकलती हैं
मेरे मुँह पर तमाचा मारकर

तुम्हारे हाथों की उँगलियों के निशान
फूली हुई रोटी की तरह
मेरे मुँह पर सद-रंग[14] ग़ुबारे छोड़ जाते हैं
तुम हक़ वाले लोग हो
तुमने मुहर[15] के इवज़[16] हक़ की बोली जीती है

---

1. स्वाद, 2 शरीर, 3. चुम्बनों, 4. परवशता, गुलामी, 5. मक्कारी, झूठ, 6. पाखंड, 7. स्पष्ट, 8. प्रलोभन, 9. अपमान, तिरस्कार, 10. एक जान, 11. एकान्तवास, 12. कालिमाएँ, 13. यात्राओं, 14. सैकड़ों रंग के, 15. अशर्फ़ी, 16. बदले में।

तिरा लुटिया शहर भंभोर

नींद नहीं आती
बिस्तर की ख़्वाहिश भी आसूदगी[1] चाहती है
मैं सितारे गिनते-गिनते
ये सोचती हूँ कि सितारों की गिनती
तो तुम्हें गला घोंट के मार डालने की गिनती से कहीं कम है
तुम में भी ख़्वाहिश है
मुझसे ख़ूबसूरत बने रहने
और नित नये डिज़ाइनों के कपड़ों में
लिपटे रहने की

कैलण्डर की तस्वीर बदलती है
रोज़ो-शब[2] की तल्ख़ी[3] नहीं बदलती
रोज़, सह[4] पहर से रात
क़दमों की चाप की बाज़याफ़्त[5]
या टेलीफ़ोन की घंटी से
वापिस आने की तसल्ली के हर्फ़[6] की उम्मीद में
बसर होती, मुन्तशिर[7] होती रात, और फिर दिन
क्रीज़ में सजे धुले-धुलाये कपड़ों
की तरह गुज़र जाता है
सह पहर से रात
फिर वही अहसास
फिर वही ख़्वाहिश
ताले में चाबी घूमती है

मैं करवट बदलकर लेट जाती हूँ
मर्तबान में बन्द तितली की तरह
सहरा में घूमते
अकेले चीते की तरह
मगर नींद नहीं आती है

---

1. सन्तोष, तृप्ति, 2. दिन-रात, 3. कड़वाहट, 4. तीन, 5. गूँज, प्रतिध्वनि, 6. बात, शब्द, 7. अस्त-व्यस्त, परेशान।

जारोब-कश*

दूसरों की सेवा
पत्थरों की सेवा के बराबर है
बहन बीवी और माँ के रिश्तों
की ख़ातिर जीने वाली
तुम अपने लिए भी तो जियो!
देखो कँवल का फूल कैसे आलम[1]
और कैसे माहौल में अपनी अना[2]
और अपने वजूद[3] का ऐलान करता है
तुम क्यों आठ साल छोटे भाई के
ग़ुस्से भरे तहक्कुम[4] को मानकर
खिड़की से झाँककर मुस्कुराते चेहरे
की तलाश से आँखें चुरा लेती हो!
तुम क्यों पैंतीस बरस की उम्र की होकर
खुद को सँवारना बन्द कर देती हो
कि तुम्हें अपने शौहर के ज़हर में बुझे
फ़िक़रों से तलाक़ की बू आती है
तुम माँ होने के नाते
अपने अन्दर के बच्चे को
गोश्त-पोस्त बच्चों की भेंट चढ़ाकर
ममता का नाम देती हो!
जैसे कच्चे रंगों के धागे

---

*झाड़ू लगाने वाली,

पानी के एक ही क़तरे से
रंग छोड़ देते हैं
ये सब रिश्ते
कच्चे रंगों के धागे हैं
सब पत्थर हैं
इनके ऊपर चलो तो भी लहू-लुहान
इनको सहो, तो भी लहू-लुहान
पर अपने लिए जीना क्यों मुमकिन नहीं!
मेरी बन्नो!
सूरजमुखी की तरह
घर के हाकिम[5] की रज़ा[6] पर
गर्दन घुमाते-घुमाते
मेरी रीढ़ की हड्डी चटख़ गयी है
जिस्म का सारा बोझ सहने वाली हड्डी
चटख़ गयी है

1. स्थिति, दशा, 2. अहं, स्वाभिमान, 3. अस्तित्व, 4, आदेश, 5, शासक, मालिक, 6. इच्छा, मर्ज़ी।

क्लीअरेंस सैल

सुनो! ऐ बानवे गुफ़्त-आशना[1] नया क़िस्सा
निकल के आई है लैला हया[2] के महमिल[3] से
सुना है मस्अला दरपेश[4] है चुनाओ[5] का
हो आबनोसी[6] बदन, शाख़सार बाँहें हों
कुशादा[7] प्यासी, तलबगार[8] बेवज़ू आँखें
वफ़ा-ए-शब के क़रीने[9] से आश्ना[10] आँखें
तुलू-ए-दस्ते-मसीहा[11] की शक्ल में पलकें
झुकें तो साया-ए-अर्बे-सियाह[12] याद आये
महकते हार चमकती गुदाज़[13] बाँहों के
निसार हों नये मेहमाँ की दिलनवाज़ी के
अरूसे-वस्ल[14] को फ़िरदौस-आश्ना[15] कर दें
ज़बाँ में जाइक़ा-ए-वस्ल[16] यूँ रचे शब भर
कि ख़त्म हो न ये क़ुर्बत की साअतों[17] की सहर[18]
बदन के रूप में, मय की सराहतों[19] की तरह
खुमारे-शब[20] में ढलें और भी गुलाब बनें
ज़रो-जवाहरो-लालो-गुहर[21] का अर्क़ पियें
नसीब जागेंगे दोशी ज़गाने-नौरस[22] के
नयी सहर[23] के पयम्बर[24] जगा रहे हैं उन्हें
चली भी आओ, बुलाते हैं ज़िल्ले-सुबहानी[25]

---

1. हर तरह की बात समझने वालो! 2. लज्जा, संकोच, 3. ऊँट की पीठ पर सुसज्जित पर्दे-दार कजावा, 4. सम्मुख, 5. चुनाव, 6. सुकुमार, 7. बड़ी-बड़ी, 8. कुछ चाहती हुई-सी, 9. रात्रि गुज़ारने के शिष्ट आचरण, 10. परिचित, 11. जीवन-दाता के हाथ के उठने, 12. काले बादल का साया, 13. भरी-भरी, 14. मिलन के लिए बेचैन, 15. स्वर्गिक आनन्द से परिचित, 16. मिलन का आस्वाद, 17. पलों, घड़ियों, 18. प्रातः, सुबह, 19. सार-तत्त्व, 20. रात्रि का खुमार, 21. धन-दौलत, हीरे-मोती, 22. नयी-नयी जवान हुई रूपसियों, 23. प्रातः, सुबह, 24. ईश्वरीय सन्देश-वाहक, 25. ईश्वर की छाया, सर्वोच्च प्रशासक।

तुम से!

इतनी गर्मी
मेरा तन अन्दर से भट्ठी
बाहर 117, 120 की गर्मी
मेहँदी, लमहे भर को ठण्डक
बीच हथेली आन जगाये
पानी पिण्डे[1] पर डालो तो
आती-जाती ठण्डक
रोएँ-रोएँ में
ठहर-ठहर के चैन सजाये
ठण्डे पेट और नर्म कटोरों
बीच रखे हाथों में जागे
धूप में जैसे गीले कपड़े
रात में जैसे ख़्वाब का नश्शा
फैले-फैले और भी फैले
अनछुई गलियों की दूध-सफेदी
जागती, बन्द होती आँखों की सूरत
फूल में ढलने को तड़पे तो
फ़ाख़्ता[2] जैसे बाजू खोलो
अँगड़ाई की गर्मी तुमसे नयी चम्बेली[3] माँग रही है

---

1. तन, शरीर, 2. कबूतरी, 3. चमेली।

रात आती है

दो बिस्तर
एक ही कमरे, एक ही छत के साये में
एक पे बहता नींद का सागर
एक पे बेख़्वाबी[1] का सहरा[2]
एक पे नर्म हवा के झोंके
एक पे लू से गर्म थपेड़े

दो बिस्तर एक पे तकिये की आगोश[3] का गहरा बादल
एक पे शिकनें[4] उमड़े दरिया जैसी
एक पे ख़्वाब की दीवाली और दहके होंट
एक पे आँख की वीरानी और सूखे होंट

दो बिस्तर
एक पे करवट, दरिया मिले समन्दर में
एक पे करवट, निकले आग कि जैसे पत्थर में

दो बिस्तर
बीच न साहिल
और न सहरा
फिर भी डूँगा[5] लम्बा पैंडा[6]

---

1. अनिद्रा, 2. रेगिस्तान, 3. गोद, 4. सिलवटें, 5. गहरा, 6. फ़ासिला, मार्ग।

चोबे-ख़ुश्क[1] और आग

मिरे इज्ज़[2] को मेरे ख़ुदा के सिवा भला जाने कौन
मिरे शौक़ को मेरे गुनह[3] से सिवा[4] भला जाने कौन
भला जाने कौन तुझे और मुझे
पहचाने कौन तुझे और मुझे
पहचान की मंज़िल कोई नहीं
कोई सब कुछ जान के अनजाना
कोई सब कुछ देख के बेगाना
जिस्मों की हैअत[5] तो सबकी एक-सी है
अन्दर भला किसने झाँका है
अन्दर तो घोर अँधेरा है
हाँ, सबका बाहर एक-सा है
ज़रा झाँको तो
जिस्मों के दरीचे[6] देखो तो
आँखों की पलकें एक-सी हैं
आँखों के डोरे एक नहीं
बाँहें तो सबकी एक-सी हैं
बाँहों का झूलना एक नहीं
हाथों की गर्मी एक नहीं
बातों की नर्मी एक नहीं
कभी तुमने तलवे देखे हैं
कुछ तलवे चाँद के टुकड़े-से
कुछ तलवे कंकर-ज़र्रे-से
कुछ हाथ मुलायम रूई-से

कुछ हाथ दलिद्दर मिट्टी-से
पर देखे कौन इसे, पहचाने कौन
मिरे शौक़ को, मेरे गुनह से सिवा भला जाने कौन!

---

1. सूखी लकड़ी, 2. बेबसी, 3. पाप, 4. अधिक, ज़्यादा, 5. रूपाकार, 6. रोशन-दान, खिड़कियाँ।

शादी की बीसवीं साल-गिरह

कहते हैं लम्हा बीते तो रंग, महक मर जाते हैं
कहते हैं दीवार गिरे तो नक़्शे-गुजश्ता[1] मिट जाते हैं

हमने तपती रात भी पहनी
चढ़ते दिन-सा रूप सहा
शहद-सा इश्क़-अलाव पहना
बर्फ़-सा क़हर और ज़ुल्म पिया
हमने हिज्र[2] की तावीलों[3] में
ख़्वाबे-रफ़ाक़त[4] राख किये
हमने रिज़्क़[5] की ज़ंजीरों में
शब-अफ़साने[6] गूँध दिये
मेरे साथ खड़े हैं आज
तेरी उम्र के बीस बरस
ज़ख़्म के आतिश-दानों[7] में
क्यों राख भरी इन बरसों की
क्यों ज़ोमे-रफ़ाक़त[8] रेत बना
क्यों चाँद में तैरती मछली का
ख़्वाब है अब तक ख़्वाहिशे-जाँ[9]
क्यों सूखे पत्तों के घर में
बेताब हुआ है शोला-ए-जाँ
मिरे चेहरे पे तिरी ख़ूकन्दा[10]
मिरे दिल में काग़ज़ की चिड़िया
मिरे घर पे ग़म के वर्क़ लगे

मिरे बालों में चाँदी-दरिया
मैं बीस बरस की लहरों में
क्यों डूब गयी—क्यों डूब गयी...

---

1. पुराने चिह्न यादें, 2. विरह, जुदाई, 3. संकेतार्थों, 4. प्रेम के स्वप्न, 5. आजीविका, 6. रात्रि में सुनाये जाने वाले क़िस्से-कहानियाँ, 7. भट्ठियों, 8. प्रेम-मैत्री का ख़्याल, 9. प्राणेच्छा, 10. बालियाँ।

फादर कॉम्पलेक्स

तुम्हारे गहरे घने चमकते सफ़ेद बालों में
मेरी ख़्वाहिश की चाँदनी की उदास सुबहें
गुदाज़ पायें
मैं रूठ जाऊँ तो वो मनायें
मैं जाँकनी[1] का नक़ाब ओढ़ूँ
तो दिल में झाँकें
मुझे मनायें
ये तेरे बालों की सुबहे-सादा
मुझे सिखाये
सफ़ेद बादल, ज़मीं की प्यासी जुबाँ की
हिद्दत[2] मिटा न पायें
तुम्हारी प्यासों की शान्त शामें
झुलस न जायें
मिरे लिए शर्ते-जाँ[3] अजीब है
पलट के देखूँ
तो आग रौनक़ बनी हुई है
जो आगे जाऊँ
तो बादलों से निकलता सूरज
पता न देगा
वो आसमाँ जो हमारे कमरे की खिड़कियों से
हमारे हिस्से का झाँकता है
ये पूछता है
तुम्हारी क़िस्मत के चाँद घटने के दिन

कभी ख़त्म हों तो सोचो
ज़मीं की करवट में
ज़िन्दगी की ख़मीदा[4] दीवार
गिर न जाये!

---

1. मरणासन्न, उदासी, 2. गर्मी, 3. जीवित रहने की शर्त, 4. टेढ़ी, झुकी हुई।

पहली बरसी पर

अदम-आबाद[1] की मिट्टी से सजाओ
ये दरो-बाम[2]
कि मैंने ग़मे-हस्ती[3] से
तअल्लुक़[4] की गुज़र-गाह[5] की
सब हाशिया-आराई[6]
तहज़ीब[7] की वादी से परे
दर्द के पुर-हौल[8] धुँदलकों की
सुबुक सीरी-ए-मौहूम[9] की यलग़ार[10] से आगे
किसी अनजाने सफ़र को रहे-मक़सूद[11] बनाया
तुम्हें ये रुख़ भी दिखाया!
कि मुझे याद है
मैंने ही कहा था,
तुम्हें तस्वीरे-तमन्ना[12] का हर इक रंग दिखाऊँगा
ज़रा सोचो तो
ये भी तो सैरी-ए-हस्ती[13] का तमाशा है
कि मैं रंग से महरूम[14] हूँ
और फूल, हर इक रंग के बिखरे हैं
मिरी क़ब्र मिरी शामे-तअल्लुक़[15] के क़रीं[16]
माँग में सुबह की तहरीर सजाते हुए
ये ज़हन में रखना
कि तुम्हें देखते रहने की तमन्ना लिए
इक शख़्स

तअल्लुक़ की गुज़र-गाह की ख़्वाहिश में है
अब ख़ाक बसर[17]

---

1. परलोक, 2. छत और दरवाज़े, 3. ज़िन्दगी के दुखों, 4. सम्बन्ध, 5. राह, डगर, 6. हाशिये को सजाना-सँवारना, 7. सभ्यता-संस्कृति, 8. भीषण, भयंकर, 9. भ्रमजनित तीव्रता, 10. आक्रमण, 11. अभीष्ट मार्ग 12. इच्छाओं की तस्वीर, 13. जीवन-भ्रमण, 14. वंचित, 15. सम्बन्धों की शाम, 16. क़रीब, निकट, 17. धूल-धूसरित, ख़ाक उड़ाता हुआ।

ऐ कातिबे-तक़दीर[1] लिख!

मेरी जैसी माँ ने जनी थी
हीर कि जिसने ज़हर पिया
मेरी जैसी माँ ने जनी थी
कुर्रतुलऐन जो कहलाई
जिसने इल्म[2] के सूखे प्याले को तन-ज़ेब[3] किया
मेरी जैसी माँ ने जनी थी
मीराबाई मतवारी
जिसके इश्क़ की गहरी प्यास को
पैमानों ने लूट लिया
मेरी जैसी माँ ने जनी थी
नूरजहाँ, ग़म-दीवानी
जिसके मज़ार पे फूल न पत्ती
जिसने फ़िराक़[4] का ज़ख़्म सहा,
मेरी जैसी माँ ने जनी थी
क़ौसे-क़ज़ह[5]-सी क़लूपतरा
जिसके दर्द को लज़्ज़त[6] कह के
जब चाहा मतूऊन[7] किया
मेरी जैसी माँ ने जनी थी
नूरी, सस्सी और सोहनी
अपना आप मिटा के जिन्होंने
शहरे-वफ़ा[8] आबाद किया
मेरी जैसी माँ ने जनी थी
लम्बी खजूर-सी शहज़ादी

जिसको तेग़[9] की आँच ने झुलसा
जिसने जीवन वार दिया
मेरी जैसी माँ ने जनी थी
मुझ जैसी भी कोख-जली
क़तरा-क़तरा ज़िन्दा रहकर
जिसने मौत को मार दिया

---

1. तक़दीर लिखने वाले, 2. ज्ञान, 3. लबरेज़, भरा-पूरा, 4. विरह, जुदाई, 5. इन्द्र धनुष, 6. आनन्द, 7. बदनाम, रुसवा, 8. वफ़ादारी का शहर, प्रेम-नगर, 9. तलवार

मैं कौन हूँ

मोज़े बेचती जूते बेचती औरत मेरा नाम नहीं
मैं तो वही हूँ जिसको तुम दीवार में चुन के
मिस्ले-सबा[1] बेख़ौफ हुए
ये नहीं जाना
पत्थर से आवाज़ कभी भी दब नहीं सकती

मैं तो वही हूँ, रस्मो-रिवाज के बोझ तले
जिसे तुमने छुपाया
ये नहीं जाना
रौशनी घोर अँधेरों से कभी डर नहीं सकती

मैं तो वही हूँ,
गोद से जिसकी फूल चुने
अंगारे और काँटे डाले
ये नहीं जाना
ज़ंजीरों से फूल की ख़ुशबू छुप नहीं सकती

मैं तो वही हूँ, मेरी हया[2] के नाम पे तुमने
मुझको ख़रीदा, मुझको बेचा
ये नहीं जाना
कच्चे घड़े पर तैर के सोहनी मर नहीं सकती

मैं तो वही हूँ जिसको तुमने डोली बिठा के

अपने सर से बोझ उतारा
ये नहीं जाना
ज़हन गुलाम अगर है क़ौम[3] उभर नहीं सकती

पहले तुमने मेरी शर्मो-हया के नाम पे ख़ूब तिजारत[4] की थी
मेरी ममता, मेरी वफ़ा के नाम पे ख़ूब तिजारत की थी
अब गोदों में और ज़हनों में फूलों के खिलने का मौसम है
पोस्टरों पर नीम-बरहना[5]
मोज़े बेचती जूते बेचती औरत मेरा नाम नहीं

---

1. प्रातःकालीन पवन की तरह, 2. लज्जा, 3. राष्ट्र, 4. व्यापार, 5. अधनंगी।

ग़ज़ल

कहते हैं मैं सोते-सोते चलती हूँ
हँसता देख के लोगों को रो देती हूँ

ख़्वाहिश मेरा पीछा करती रहती है
मैं काँटों के हार पिरोती रहती हूँ

गर्मी की बेकार दोपहरों में अकसर
जलती हुई ज़मीन की धड़कन सुनती हूँ

जब मेरा चलने को जी नहीं चाहता है
पाँव की दीवार बना के बैठती हूँ

खाल पुरानी हाथ से गिरती रहती है
बात पुरानी पेट में पालती रहती हूँ

देख के बाहर मंज़र नये बुलावे का
मैं खिड़की ईंटों से चुन देती हूँ

फ़ाख़्ता बन के उड़ने को जी चाहता है
पर आ जायें तो घर में छुप जाती हूँ

जागते में लकड़ी की तरह सुलगती हूँ
और सोते में चलती हवा से लड़ती हूँ

अपना नाम भी अब तो भूल गयी 'नाहीद'
कोई पुकारे तो हैरत से तकती हूँ

ग़ज़ल

आग़ोशे-तलब[1] का बाब[2] सोचूँ
मैं तेरे लिए वो ख़्वाब सोचूँ

जागूँ बन के पलक-पलक लब
शबनम के बदन की आब[3] सोचूँ

शामिल हूँ मैं तेरे रतजगों[4] में
जागूँ भी तो तेरे ख़्वाब देखूँ

तू जाये तो मुन्तज़िर[5] हूँ तेरी
तू आये तो बेहिसाब सोचूँ

मैं रेज़ा-रेज़ा[6] बिखर न जाऊँ
खोलूँ जो बन्दे-नक़ाब[7], सोचूँ

देखूँ न मैं आईना अकेले
साँसों में भी हम-रक़ाब[8] सोचूँ

बेताबी-ए-जाँ[9] में घुल न जाऊँ
सद-पारा-ए-दिल[10] की ताब[11] सोचूँ

बाँहों के समन्दरों में उतरूँ
आँखों में लिखी किताब सोचूँ

जंगल है तलब का और मैं हूँ
काँटों में छुपा गुलाब सोचूँ

शीशे की फ़सील[12] में मुकैयद[13]
इम्काँ[14] से सिवा[15] अज़ाब[16] सोचूँ

---

1. अभिलाषा की आग़ोश, 2. अध्याय, 3. चमक, 4. रात्रि-जागरणों, 5. प्रतीक्षा-रत, 6. ज़र्रा-ज़र्रा, टुकड़े-टुकड़े होकर, 7. नक़ाब की गाँठ, 8. सहयात्री, 9. प्राणों की बेचैनी, 10. टुकड़े-टुकड़े हो चुका दिल, 11. सहन-शक्ति, 12. चार-दीवारी, 13. बन्दी, 14. सम्भावना, 15. अधिक, 16. यातनाएँ

ग़ज़ल

पहन के ज़ख़्म का मलबूस[1], अपने घर जाना
समेट लो कि है फिर शाम को बिखर जाना

मिली न लाश ज़मीं और पानियों में कहीं
इसे ही सारे ज़माने से खुश-ख़बर[2] जाना

परिन्दे सारे उड़े जा रहे हैं किस जानिब[3]
तुम्हें ख़बर हो तो दरिया के पार उतर जाना

वो जिसकी आँख में सच और ज़ुबाँ पे झूट भी है
वो पास आये तो आँखों ही में उतर जाना

लरज़[4] रही है ज़मीं सहमी लड़कियों की तरह
पुकारती है कि तनहा न छोड़कर जाना

बँधे हैं पेट से बच्चे भी और पैसे भी
ज़मीं की बेटी की तस्वीर देखकर जाना

वो जिसका शौक़ है खिलते गुलाब मल[5] देना
गले मिलो तो उसे भी उदास कर जाना

---

1. लिबास, 2. शुभ सूचना, 3. तरफ़, ओर, 4. काँप, 5. मसल।

ग़ज़ल

मेरी ज़रूरत है तू, तेरी ज़रूरत हूँ मैं
कूचा-ए-पिन्दार[1] में हर्फ़े-मलामत[2] हूँ मैं

नाओ[3] की सूरत[4] चलूँ, मौजे-हवा[5] पे जियूँ
साहिले-ग़म[6] डूब जा, दावरे-क़िस्मत[7] हूँ मैं

जागती आँखों में भी ख़्वाब सजाऊँ तिरे
रंग लिखूँ लम्स[8] के क़िरया-ए-ख़ल्वत[9] हूँ मैं

जाऊँ कहाँ ढूँढ़ने तेरी सदा[10] का बदन
तेरी गवाही हूँ मैं, तेरी सदाक़त[11] हूँ मैं

जागते रहना तो अब जैसे मुक़द्दर हुआ
वो भी तो है जागता, उसकी ही आदत हूँ मैं

उम्र की खुशबू से थे दिल के भी तेवर जुदा
शाम की धूपों में अब ज़हर की रंगत हूँ मैं

---

1. ख़यालों की बस्ती, 2. भर्त्सना की बात, 3. नाव, 4. तरह, 5. हवा की लहरों, 6. दुखों का साहिल, 7. क़िस्मत का मालिक, 8. स्पर्श, 9. एकान्त ग्राम, ख़ाली-ख़ाली गाँव, 10. आवाज़, 11. सच्चाई।

ग़ज़ल

आगे सरक रहे हैं कि सक्ता[1] भी है अजब
दीवारों-दर को शौक़े-तमाशा[2] भी है अजब

रोज़न[3] हैं इस क़दर कि तवज्जो[4] मुहाल[5] है
सहरा में तिश्नगी[6] का हवाला भी है अजब

शायद उदास शाख़ों से लिपटा हुआ मिले
अपनी गली में उसका ठिकाना भी है अजब

गुँजान, गहरे, सब्ज़ दरख़्तों ने बाँट ली
वो तीरगी[7] कि जिसका उजाला भी है अजब

दीवारो-दर के रंग हैं आँखों पे जम गये
दहशत से मर न जायें कि रस्ता भी है अजब

बिखरे हुरूफ़[8] जोड़ के लिख दो कोई तो नाम
इस दिल के दुख अजब हैं मसीहा[9] भी है अजब

मर्दों को सब रवा[10] प' है औरत को नारवा[11]
शर्मो-हया का शहर में चर्चा भी है अजब

हर्फ़े-विसाल[12] हर्फ़े-गुमाँ[13] तक न बन सका
तहज़ीबे-जाँ[14] में ग़म का मुदावा[15] भी है अजब

भेजी हैं उसने फूलों में मुँह-बन्द सीपियाँ
इनकार भी अजब है, बुलावा भी है अजब

---

1. मूर्च्छा रोग, 2. तमाशा देखने का शौक़, 3. खिड़कियाँ, 4. ध्यान देना, 5. बहुत कठिन, 6. प्यास, 7. अँधेरा, 8. अक्षरों को, 9. जीवन-दाता, 10. उचित, 11 अनुचित, 12. मिलन की बात, 13. भ्रम जनित वाक्य, 14. प्राणों की संस्कृति, 15. इलाज, समाधान।

ग़ज़ल

हँसते रहे हम उदास होकर
आँसू भी गिरे तो दिल के अन्दर

क़ब्रों को बहन बनाना सीखें
बालों में नयी रुतें सजाकर

मैं घर में भी उससे मिलती कैसे
दीवार खड़ी थी घर के अन्दर

मिट जाये बदन का जाँ से रिश्ता
आयेंगे ख़ुतूत[1] फिर भी घर पर

देखा तो ज़मीं खिसक रही थी
बैठे थे बना के घर ज़मीं पर

पानी का बहाव थम गया है
निकली है नदी से वो नहाकर

अब सिर्फ़ लिबास रह गया है
वो ले गया कल बदन चुराकर

---

1. पत्र।

ग़ज़ल

सहर[1] ने शब[2] से मुलाक़ात मेरे घर की थी
ऐ बेख़बर, ये निशानी तो फिर सफ़र की थी

ये कैसी ज़िद कि पलटती है मौज साहिल पर
ये हौसले की नमू[3] थी कि बात थी डर की

उफ़ुक़-उफ़ुक़[4] जो तमन्ना का चाँद बन के चढ़ा
उसी ने ख़्वाब की दहलीज़ मौतबर[5] की थी

समझ लिया कि बहुत दे दिया ज़मीं का ख़िराज[6]
ज़मीं न थी तो ये ऩीयत भी राहबर[7] की थी

वो खेंच लाया शजर[8] का गुदाज़[9] आँखों में
गले मिला तो वही छाओं[10] मुख़्तसर[11] की थी

पता न दे वो मिरे पास दूर रहने का
वो चुप रहा तो ये तस्वीर भी ख़बर की थी

हिलाल[12] था कि ख़मे-ख़्वाब[13] था, नहीं मालूम
ख़बर ये है कि दुआ उसको देखकर की थी

समेट लो कि यही मंज़रों[14] का हासिल है
उस एक आँख में तस्वीर पूरे घर की थी

---

1. सुबह, 2. रात्रि, 3. अभिव्यक्ति, 4. क्षितिज-क्षितिज, 5. विश्वसनीय, 6. मूल्य, 7. मार्ग-दर्शक, 8. वृक्ष, 9. आत्मीय-भाव, 10. छाँव, 11 लघु, संक्षिप्त, 12. नव चन्द्र, 13. स्वप्न का टेढ़ापन, 14. दृश्यों

ग़ज़ल

ये क्या ख़्वाब तुम्हारे निकले और अज़ाब[1] हमारे
छलकी-छलकी आँखें लेकिन दिल पायाब[2] हमारे

ये क्या, शहर के फूल भी पूछें रंगे-बहार की ख़सूलत[3]
ये क्या, ख़ून हमारा पहनें खुद अहबाब[4] हमारे

ये क्या, आधे चाँद पे रौनक़ आधे पे तारीकी[5]
ये क्या, सुबहे-तमन्ना[6] उनकी, शब-अलक़ाब[7] हमारे

ये क्या, बहते दरिया आँखें, जलते सहरा पाओं[8]
ये क्या, बुझ गये अब के दिलों में भी महताब[9] हमारे

ये क्या, तुझसे पूछ के अब मैं अपना हाल बताऊँ
ये क्या, अपना रिज़्क़[10] भी तेरा और सैलाब[11] हमारे

ये क्या, जिनको देखना चाहें और न देखें उनको
ये क्या, आँखें भूल न पायें, शब-आदाब[12] हमारे

ये क्या, मेहरो-मुहब्बत[13] निकलें क़हरे-दयार[14] के क़िस्से
ये क्या, आँख जो देखे उस पे लब ग़र्क़ाब[15] हमारे

ये क्या, खैंच ली पाओं[16] तले से रेत भी दरिया ने
ये क्या, मंज़िल पूछ रही है हम से ख़्वाब हमारे

मेरा आँगन, मेरी खेती, मुझ कमज़ात[17]-सी अक्खड़
तुम ज़िन्दा कि टूट के बिखरें कब आसाब[18] हमारे

---

1. असहनीय कष्ट, 2. उथले, सतही, 3. प्रकृति, धर्म, 4. मित्र, 5. अँधेरा, 6. कामना रूपी सुबह, 7. रात्रि के विभिन्न पर्याय, 8. पाँव, 9. चाँद, 10. रोज़ी-रोटी, खेती-बाड़ी, 11. बाढ़, 12. रात्रि के समयानुकूल शिष्टाचार इत्यादि, 13. प्यार, मुहब्बत, 14. जगत प्रकोप, 15. डूबे हुए, 16. पाँव, 17. नीच, अभागी, 18. स्नायु-समूह।

ग़ज़ल

शहर में दीवारें थीं और दीवारों में वो तनहा था
ख़बर नहीं वो शख़्स था कैसा, चेहरा उसका अच्छा था

पहचाना था दस्तक को और क़दमों की हर आहट को
बुझे चराग़ को हाथ में थामे दरवाज़ा भी खोला था

घर में थे बस साँस मिरे और ख़्वाब धरे थे ताक़ों पर
उसने गीले फ़र्श पे ठण्डे पैर घुमा के सोचा था

ख़्वाहिश भर के पिचकारी में, मन-होली कब खेलोगे
कुण्डी दरवाज़े की खुली थी, छत पे दिया भी रक्खा था

मेहँदी-पेड़ तो सौकन[1] घर था, उस घर ही दीवाली थी
मेरा घर जैसे बालक का टूटा हुआ खिलौना था

पिछले बरस के ख़्वाब तो अब के चौक में भी नीलाम न हों
लोग बसें उस घाट जहाँ से कल वो दरिया बहता था

---

1. सौतन।

ग़ज़ल

उम्र में उससे बड़ी थी लेकिन पहले टूट के बिखरी मैं
साहिल-साहिल जज़्बे थे और दरिया-दरिया पहुँची मैं

शहर में उसके नाम के जितने शख़्स थे, सब ही अच्छे थे
सुबहे-सफ़र[1] तो धुन्द बहुत थी, धूपें बनकर निकली मैं

उसकी हथेली के दामन में सारे मौसम सिमटे थे
उसके हाथ में जागी मैं और उसके हाथ से उजली मैं

इक मुट्ठी तारीकी[2] में था इक मुट्ठी से बढ़कर प्यार
लम्स[3] के जुगनू पल्लू बाँधे ज़ीना-ज़ीना उतरी मैं

उसके आँगन में खुलता था शहरे-मुराद[4] का दरवाज़ा
कुवें के पास से ख़ाली गागर हाथ में लेकर पलटी मैं

मैंने जो सोचा था यूँ तो उसने भी वही सोचा था
दिन निकला तो वो भी नहीं था और मौजूद नहीं थी मैं

लम्हा-लम्हा जाँ पिघलेगी, क़तरा-क़तरा शब[5] होगी
अपने हाथ लरज़ते[6] देखे, अपने-आप ही सँभली मैं

---

1. सुबह-सुबह जब सफ़र शुरू किया, 2. अँधेरा, 3. स्पर्श, 4. कामना रूपी शहर, 5 रात, 6. काँपते।

असीं बुरियाँ वे लोको!*

फ़र्द[1], इकाई, इकलापा[2]
लहर, दरिया, समन्दर, लहर
पानी, मैं और मैं
हिफ़्ज़[3] हिफ़ाज़त दरवाज़ा
बाहर बैठा काला नाग
अन्दर मौत का आवाज़ा[4]
घर उजड़े और शहर आबाद
याद किसी को न अपना नाम
काग़ज़ जैसी दुल्हनें
रद्दी बनकर बिक जायें
दासी, मलिका, घर-रौनक़
फ़िरनी पे चाँदी के वर्क़
पानी, भूक[5], जलन, ख़्वाहिश
फ़र्दे-जुर्म[6] की खूँ-बारिश
दश्ते-बदन[7] की सैयाही[8]
ख़्वाबे-शफ़क़[9] की जर्राही[10]

फ़र्द, इकाई, इकलापा
लहर, दरिया, समन्दर, लहर
पानी, मैं और मैं
पेट से सबके उबले आग

---

*ऐ लोगों! हम बुरी हैं

बाहर बैठा काला नाग
अन्दर मौत का आवाज़ा
दिल-दरवाज़ा
क़लम से छिटकी स्याही निशानी
कंघी, टूटे बाल, कमाई
झूठी रोटी, शुक्रे-खुदाया
जीवे साईं[11] क्या सुख पाया
मिट्टी, गारा और ईंटें
सब हैं झूठी बुनियादें
मिट्टी के सीने पे मिट्टी
मिट्टी चाटे बालक
मिट्टी खाये हामिला[12]
मिट्टी आँख दिखाये
मिट्टी ज़ाइक़ा और ज़ुबान
ज़ुबान जपे तिरा नाम
हर्फ़ के सौ बनवास
बोल भी दुश्मन
चुप भी दुश्मन
चलो कहारो, साजन आँगन
मौत के बाद ही वापिस आओ
चलो कहारो!

फ़र्द, इकाई, इकलापा
लहर, दरिया, समन्दर, लहर
पानी, मैं और मैं
दीवारों पे नाचे काग
बाहर बैठा काला नाग
अन्दर मौत का आवाज़ा
ख़मियाज़ा[13]
शहर शिगुफ़्ता[14], घर नमनाक[15]

दिल क्या हैं ज़ख़्मों के चाक[16]
नफ़रत के सब अंगारे
सीपारे[17]
घर वाली, मन दीवानी
आग लगे, कहे दीवाली
फ़न-प्यासी[18] घर की दासी
हस्बे-इजाज़त[19] कामना
पानी को भी छानना
कमर, कनस्तर, जलता गोश्त
फूल खिले और निकले पोस्त
दिन दोज़ख़ और शब[20] शैतान
आदम-ख़ोर रहें इनसान

फ़र्द इकाई, इकलापा
लहर, दरिया, समन्दर, लहर
पानी, मैं और मैं
पोर-पोर में दीपक-राग
बाहर बैठा काला नाग
अन्दर मौत का आवाज़ा
दिल का ग़ाज़ा
कत्थई, जामुनी, गेरुए
रिश्ते, भँवरे और मनके
मक्खन और लोबान की बत्ती
हिरनी आँखें कस्तूरी
ज़ाफ़रान[21] के सूखे फूल
गर्दन झटको, कहो क़ुबूल
महल, उदासी, बैरागी
मल आँखें, तू है जागी
सुन सन्नाटा रगों का
जागा है धन घरों का

दरिया की तह में बस्ती
संग भी दरिया के बसती
नेज़ा[22] जीवन का लगे
सागर-सागर ये कहे
सूई, नाका और धागा
ये है जीवन पोबारा

फ़र्द, इकाई, इकलापा
लहर, दरिया, समन्दर, लहर
पानी, मैं और मैं
आँखों में सपनों के भाग
बाहर बैठा काला नाग
अन्दर मौत का आवाज़ा
दिल शीराज़ा[23]
मिट्टी ने पहनी सुर्ख़ी
सोई ख़िल्क़त[24] है जागी
काँच कलाई कजरवा
मोती, नैन, बजरवा
ग़ोता ऊँची लहर में
ज्ञान-ध्यान के सब स्थान
बन जाये हैं सब अनजान
घास, ज़मीन, ज़मीन भी घास
उँगली-उँगली सौ-सौ फाँस
पवन-झकोरा ख़्वाब का
बाब[25] खुला संजाब[26] का

फ़र्द, इकाई, इकलापा
लहर, दरिया, समन्दर, लहर
पानी, मैं और मैं
लाल सिन्दूरी चमके माँग

बाहर बैठा काला नाग
अन्दर मौत का आवाज़ा
शब अन्दाज़ा
उम्र की कुण्डी
खोले खिड़की
बर्फ़, हवा, बारिश, तूफ़ान
जागें डर-डर के इनसान
रिश्ता, रोटी,
जज़्बे, चर्ख़ी
कातो पूनी
पूनी कातो
कपड़ा, चादर, बहलावा
छुप के मिलने का रस्ता
रिज़्क़, दुआ, दीवारे-शजर[27]
हँसुली, फंदा, डर, घर-घर
भट्ठी, भुर्ता, भावना
शीशे में यूँ उतारना
शेर भी घास को खा जाये
आग पे चल के ख़ुद आये
दूध सफ़ेदी से आरी
ख़ौफ़ से चेहरे पिचकारी

फ़र्द, इकाई, इकलापा
लहर, दरिया, समन्दर, लहर
पानी, मैं और मैं
सेज बने फूलों की आग
बाहर बैठा काला नाग
अन्दर मौत का आवाज़ा
घर, शब, ग़ाज़ा[28]
साहब, बीबी और गुलाम

सबके दाम
बीबी, ग़ुलाम
बस एक से काम
शैल्फ़, सजावट, दोपहर
शाम को आतिशदान[29] में आग
चेहरे लाल, बहुत ही लाल
घूँघट-पट खुले और दर बन्द
नाचे ख़ून का अंगारा
गाता जाये बंजारा
मज़हब, दुनिया और अल्लाह
जीवन की ये दुर्घटना
बात में शब का ज़ाइक़ा
हुनर में ज़हर का क़ासिदा[30]
तोते में जीवन-रूपा
जंगल में ढूँढ़े देवता
हक़ अल्लाह तोते की रट
कुएँ पे चलता रहे रहट
इंजन धुआँ निकाले जाये
बादल हवा, उड़ाये जाये
बन्द, बँधे किस किनारे
पार अब कौन उतारे

फ़र्द, इकाई, इकलापा
लहर, दरिया, समन्दर, लहर
पानी, मैं और मैं
ख़्वाब गये आँखों में जाग
बाहर बैठा काला नाग
अन्दर मौत का आवाज़ा
लब हैं ताज़ा
शब्बू[31] शाख़, शजर, समन

मेहँदी, हाथ और फूल-लगन
दिल का हाल कबूतर-सा
कोंदा[33] मारे जी डर का
नर्गिस[34]-सी उसकी मर्ज़ी
दुनिया फैले, वो सिमटी
लश्कर[35], लश्कर वो जने
प्यासी दरिया-सी रहे
ख़ेमा-ए-जाँ[36] धज्जी-धज्जी
शीशा-ए-दिल किरची-किरची
नख़्ले-तमन्ना[37], बर्गे-ख़िज़ाँ[38]
वस्ल का लम्हा, वहमो-गुमाँ
क़न्द तो क्या गुलक़न्द भी ज़हर
एक हैं अब तो जंगल-शहर
देख के ज़र्द हो ज़ाफ़रान[39]
आँखों को भूली पहचान
ओस से प्यास बुझेगी कब
जागेगी शब-मुज़्रई[40] कब

फ़र्द, इकाई, इकलापा
लहर, दरिया, समन्दर, लहर
पानी, मैं और मैं
चाहे दीजो सुख भी त्याग
बाहर बैठा काला नाग
अन्दर मौत का आवाज़ा
ग़म-ख़मियाज़ा[41]
काली पक्की जामुनें
लगे हैं लड़कियाँ रात में
बाँस के जंगल जवानियाँ
कच्चा कटोरा कहानियाँ
मीठे आढ़ू के ग़ुंचे

दिल में कोंदा-सा लपके
आलूचे के फूल भी प्याज़ी
सुन्दर लागे आतिश-बाज़ी
काली बेल के काले फूल
आँखें, हाथ, तमन्ना, धूल
औरत जब जल जाये है
कड़वा कठल बन जाये है
सूरज से लिक्खे बिपता
पानी से ढूँढ़े रिश्ता
दुख से बुने ख़यालों को
ख़ुद ही ताने जालों को
नाली में ख़ूँ का छींटा
पंखे से लटका फंदा
पानी पे ठहरी काई
ख़ामोशी है सच्चाई
ख़्वाहिश करते कमर झुकी
ज़ीना-ज़ीना जाँ निकली
पैर दबाते शब गुज़रे
घूँसे खाते दिन बीते

फ़र्द, इकाई, इकलापा
लहर, दरिया, समन्दर, लहर
पानी, मैं और मैं
गाये दिल अब ये बैराग
बाहर बैठा काला नाग
अन्दर मौत का आवाज़ा
दिल ग़म साज़ा
कलमुही और नसीबों-जली
सुनते-सुनते घर में पली
डर-डर देखा बदन को

गन्दा समझा लगन को
बिन वर देखे ब्याही गयी
मैं सोचूँ मैं चाही गयी
चमड़ी, चीख़ बने चाहत
लोग कहे हैं दुसराहट[42]
घर काया दीवारों से
बात करूँ अंगारों से
पत्थर पेट-जने[43] निकले
साथी भी साये निकले
लिए सफ़ेदी बालों की
सहरा शर्त, ग़ज़ालों[44] की

---

1. व्यक्ति, 2. अकेलापन, 3. रक्षा, 4. शोर, 5. भूख, 6. अभियोग-पत्र, अपराधों की सूची, 7. शरीर रूपी जंगल, 8. पर्यटक, यात्री, 9. प्रातः की लालिमा के स्वप्न, 10. ज़ख़्म सीने वाली, चिकित्सक, 11. हमारा साईं (मालिक) जीता रहे, 12. गर्भवती, 13. नतीजा, परिणाम, 14. प्रफुल्लित, आनन्दमय, 15. उदास, दुखी, 16. फटे हुए टुकड़े, 17. तीस खण्डों में विभाजित, क़ुर्आन के तीस खण्डों में से कोई एक, 18. कला-पिपासु, 19. आज्ञानुसार, 20 रात्रि, 21. केसर, 22. भाला, 23. संघटन, 24. जनता, 25. द्वार, 26. अत्यधिक मुलायम बिस्तर इत्यादि, 27. वृक्ष रूपी दीवार, 28. चेहरे पर लगाने वाला पाउडर, 29. भट्ठी, अंगीठी, 30. इरादा, 31. रात में खिलने वाला फूल, 32. चमेली, 33. बिजली की चमक, 34. एक फूल जो नेत्र के जैसा होता है, 35. फ़ौज, सेना, 36. प्राण रूपी तम्बू, 37. कामना रूपी वृक्ष, 38. पतझड़ की सूखी-पीली पत्तियाँ, 39. क़ेसर, 40. थकी हुई रात, 41. दुख रूपी परिणाम, 42. आडम्बर, बनावट, 43. सहोदर, सगे भाई-बहन, 44. मृग-शावकों।

ख़ुद-कलामी

मुझे सज़ा दो
कि मैंने अपने लहू से ताबीरे-ख़्वाब[1] लिखी
जुनूँ-बुरीदा[2] किताब लिखी
मुझे सज़ा दो
कि मैंने तक़दीसे-ख़्वाबे-फ़र्दा[3] में जाँ गुज़ारी
ब लुत्फ़े-शब-ज़ादगाँ[4] गुज़ारी
मुझे सज़ा दो
कि मैंने क़ातिल को वस्फ़े-तेग़ो-अलम[5] सिखाया
सरों को औजे-क़लम[6] सिखाया
मुझे सज़ा दो
कि मैं उदू[7] की सलीब की मुहतसब[8] रही हूँ
हवा की ज़द पे[9] जले चराग़ों की रौशनी हूँ
मुझे सज़ा दो
कि मैंने दोशीज़गी[10] को सौदा-ए-शब-गुमाँ[11] से रिहाई दी थी
घरों के बुझते दियों को शाने-ख़ुदाई[12] दी थी
मुझे सज़ा दो
कि मैं जियूँ तो तुम्हारी दस्तार[13] गिर न जाये
मुझे सज़ा दो
कि मेरे बेटों के हाथ उट्ठे तो तुम न होगे
कि एक भी तेग़े-हर्फ़[14] क़ौसे-मयाँ[15] से निकले तो तुम न होगे
मुझे सज़ा दो
कि मैं तो हर साँस में नयी ज़िन्दगी की ख़ूगर[16]
हयातो-बादे-हयात[17] भी ज़िन्दा-तर[18] रहूँगी

मुझे सज़ा दो
कि फिर तुम्हारी सज़ा की मीआद[19] खत्म होगी

---

1. स्वप्न-पूर्णता, 2. उन्माद-रहित, 3. भविष्य के स्वप्नों की पवित्रता, 4. रात्रि के पैदा किये हुओं (स्वप्नों) के साथ आनन्द-पूर्वक, 5. ध्वज व तलवार के प्रयोग का गुण, 6. कट-मरने का महान् गुण, 7. शत्रु, 8. हिसाब-किताब करने वाली, 9. निशाने पे, 10. कौमार्य, 11. दिग्भ्रमित कर देने वाले उन्माद, 12. ईश्वरीय उच्चता, 13. पगड़ी, 14. शब्द रूपी तलवार, 15. म्यान रूपी इन्द्र-धनुष, 16. आदी, 17. लोक-परलोक में, जीवन और जीवन के बाद, 18. अत्यधिक जीवन्त, 19. समय-सीमा।

तीसरे दर्जे वालों की पहली ज़रूरत

बोलना हमारी ज़रूरत है
चाहे ज़मीं में मुँह देकर ही क्यों न बोलना पड़े
मेरी बेगुनाही ज़मीन में मुँह देकर
अपनी सफ़ाई पेश कर रही है
कि ज़िन्दगी के सारे रास्तों पर
क़ाज़ी-ए-शहर[1] के फ़ैसले के मुताबिक़
ख़ौफ़ बिछाया जा चुका है
बोलने वाले हमारे शहर में कितने रह गये हैं
उनके सर काट कर वाक़ई सजा लेने चाहिए
कि फिर देखने को भी ऐसे लोग नहीं मिलेंगे
खुदा की क़सम
मेरी आँखों की जगह आबले[2] भी ले लें
तो भी मैं गिरिया[3] करूँगी
कि मेरे खेतों में चीख़ें उग रही हैं
मेरे आँगनों में ठहरी ख़ामोशी
मेरे बच्चों की हँसी लूट रही है
मेरा चपरासी वर्दी पहनने से इनकार करता है
कि वर्दियाँ तीसरे दर्जे के शहरी की अलामत[4] बन चुकी हैं
बात तो अलामत से भी आगे निकल चुकी है
छिपकली की कटी दुम की अलामत हो कि
बू-ए-ख़ूँ[5] की अलामत
अब सब ख़ौफ़ के दूसरे नाम हैं

हम लोगों को अपने ही वतन में जिला-वतन[6] कर दिया गया है
कि हम बेरूह जानदार, क़स्दे-गोयाई[7] से भी मुनहरिफ़[8] हैं

1. शहर के सर्वोच्च न्यायाधीश, 2. छाले, 3. रुदन, विलाप, 4. निशानी, प्रतीक, 5. लहू की महक, 6. देश-निकाला, बेवतन, 7. बात कहने का इरादा, 8. अवज्ञाकारी।

नाइट मेअर

बकरी, ज़िब्ह होने का इन्तिज़ार करती है
और मैं सुबह होने का
कि मैं रोज़ दफ़्तर की मेज़ पर ज़िब्ह होती हूँ
झूठ बोलने के लिए
यही मेरी क़ीमत है
ताज़ा क़ब्रों की तरह, पाउडर से लिपे हुए चेहरे
मुझे मिलने आते हैं
ज़हनों के क़ब्रिस्तान में ऐसी सजावटें ही
ज़ेब[1] देती हैं
मैं और मेरा वतन एक साथ पैदा हुए थे
मगर दोनों की बसारत[2] बचपन ही में मारी गई
मैंने रोटी देखी नहीं
अपने तसव्वुर[3] में उसकी शक्ल बनाती और खाती हूँ
मेरे बहुत-से हम-उम्र, रोटी सिर्फ़ ख़्वाब में देखते हैं
मेरे मुल्क में औरतें पहली का चाँद देखकर दुआयें माँगती हैं
और बाक़ी सारी दुआयें अगली पहली के लिए उठा रखती हैं
दूसरी शादी के इजाज़त-नामे[4] पे अँगूठा लगाने के बाद भी
वो पहली का चाँद देखकर दुआयें माँगती रहती हैं
शायद हम जैसे झूठ बोलने वालों की आक़िबत[5] सँवारने के लिए
हम अपनी जंगजूयाना[6] बहादुरी के गुण गाते हैं
और मक्खियाँ हम पर यलगार[7] करती रहती हैं
हम अपने क़द से लम्बी तलवार को अस्लाफ़[8] मानते हैं

और उनका रंग अपनी ज़बानों पर सजा लेते हैं
ज़ंग-खुर्दा[9] ज़बानों[10] और ज़मानों में ज़िन्दगी करने वालों का नाम
दफ़्तरी-बाबू होता है
जाने वाले का हर हिसाब ग़लत
और आने वाले का हर हिसाब दुरुस्त
जंग-खुर्दा ज़बानें ही कह सकती हैं
अब तो तलवार बनाने वाला आहन-गर[11] ये समझता है
कि फ़तह[12] वो तहरीर[13] करता है

---

1. शोभा, 2. अन्तर्दृष्टि, 3. ख़यालों, 4. सहमति-पत्र, 5. परलोक, 6. यौद्धिक, 7. आक्रमण, 8. पूर्वज, 9. ज़ंग खाई हुई, 10. भाषाओं, 11. लोहार, 12. विजय, 13. लिखता।

परसोना-1

आसमान के बूढ़े सितारे
और पहाड़ की चोटियों पे खड़े
दरख़्तों के बेअमाँ[1] तने
सदियों का सब्र अपने सीने में दबाये
मुँह-बन्द तन्नूर की तरह
बेज़ुबान से नज़र आते हैं
जिस लकड़ी से कश्ती बनती है
उसको पानी पसन्द नहीं
मगर साथ रहने के लिए
पसन्द का मस्अला सानवी[2] हो जाता है
मिरे बग़ैर, मर्दों की तरह ज़िन्दगी गुज़ारने का अमल
तुम्हारे जूतों के पंजों की उड़ी खाल पे
पड़ी गर्द से ज़ाहिर होता है
अँगियों के सहारे ढलकी छातियों को
रूप नहीं मिलता है
कुन्द छुरी और बैठी मिट्टी जैसे
नमी-ख़ुर्दा बदन पे
बुज़दिली की नीली रगें उभर आई हैं
दो तिरछी लाइनों का इत्तिसाली नुक़्ता[3]
मुब्हम[4] रिश्तों को मुन्तक़ी[5] साबित करने का
मज्हूल[6] अमल
वो प्रोटेक्टर बना
इत्तिसाली नुक़्ते के गिर्द हिसार[7] खेंचता रहा

और मिरे वजूद से इनकार की लाइन गहरी होती चली गयी
ग़ार[8] और क़ब्र में क्या फ़र्क़ होता है
एक क़ुदरती और एक इरादी
इरादी मंसूबे अपना माज़ी[9] रखते हैं
और मुस्तक़बिल[10] भी
तनहाई सीलन की तरह
मिरे वजूद के अन्दर सरायत[11] करती चली जा रही है
मैं क्या धुन्द में पैदा हुई थी
कि मेरे अन्दर हर अक्स,[12] हर रिश्ता
और हर जज़्बा[13] धुन्दला है।
जेल के क़ैदी ने कभी रात का आसमान नहीं देखा
और सूरज ने कभी रात नहीं देखी
मैंने दिन नहीं देखा
मैं न क़ैदी हूँ और न सूरज
मैं तो बचपन में
बड़े बहन-भाइयों के पुराने कपड़े
पहना करती थी
और तजुर्बे की झुर्रियों के इस ज़माने में
यादगार लम्हों के सँभाले हुए कपड़ों को
तहों से उड़ी रंगतों के बावजूद
खोल-खोल कर पहन रही हूँ
मेरी आँतों की रस्सियाँ बना कर
और झूला झूलो
कि मैंने अपनी ज़ुबान का तन्नूर
बन्द कर दिया है

---

1. निर्भीक, 2. दूसरा, 3. मिलन-बिन्दु, 4. गूढ़, 5. सहज, 6. व्यर्थ, 7. घेरा, 8. गुफा, 9. अतीत, 10. भविष्य, 11. प्रवेश, 12. प्रतिबिम्ब, 13. भाव।

परसोना-2

रिश्तों की आबजू[1] में कोई गहराई नहीं होती है
मगर फिर भी सरनिगूँ[2] जैसे राब्तों[3] से
आगे की मंज़िल की तलाश में
हम एक-दूसरे के लिए बेचैन रहते हैं
मुझे मालूम है
बापों के जंगल में एक दरख़्त का नाम
मिरा बाप था
और खिड़की में खड़े होकर
गुज़रती हवाओं को देखो, तो सोचो
इन्हीं में से किसी का नाम मेरी माँ था
कि बग़ैर पता लिखे ख़त बिल्कुल एक जैसे लगते हैं
मैं अपने सबसे सुहाने ख़्वाबों में भी
ऐसे पत्थर पे खड़ी नज़र आती हूँ
कि जिसके नीचे मेरा दिल है
मेरे ज़ख़्मों में से झाँक कर
ख़ुदा दुनिया को देखता है
उस दुनिया को कि जहाँ लोग
खड़े होते हैं तो खाने के लिए
और बैठते हैं तो मरने के लिए
तल्ख़[4] लहजे में कहे हुए शीरीं लफ़्ज़[5]
और भी तल्ख़ हो जाते हैं
मेरा जी करता है
मैं वक़्त बन जाऊँ

और तुम कायनात[6]
यूँ तो तुम मेरे साथ चलोगे
वक़्त से पीछे रह जाने वालों को
बहारें नहीं मिलती हैं
सूखी घास कि जिसे कोई भी
चिंगारी भस्म कर सकती है
तुम्हारा आँगन क्यों बने
आओ बारिश का पहनावा पहनें
शायद यूँ ही निखर जायें
मगर कैसे कि हम तो ख़्वाब में भी
ख़्वाब देखने वालों जैसे नहीं होते हैं
मुझ जैसे वक़्त में
और तुम जैसी क़ायनात में तो
ख़ामोशी भी बोलती है
हम कहाँ जायें कि सन्नाटे की गूँज
हमारे कढ़े हुए कुर्तों के नीचे
छुपे ज़ख़्मों को आशकार[7] कर रही है
वो सारे रंग कि जिन्हें मैं
ख़्वाबों और खुली आँखों देखती हूँ
मेरी मदद नहीं कर सकते
मेरी आँखें बूढ़े वहशी दरिन्दे की
आँखों की तरह खुली भी हैं
तो क्या फ़र्क़ पड़ता है
किसी शख़्स की हज़यानी[8] हँसी को
एक संजीदा कुत्ता, इसी तरह हैरान होकर देखता है

---

1. नदी, 2. नत-मस्तक, 3. सम्बन्धों, 4. कड़वा, 5. मीठे शब्द, 6. सृष्टि, 7. प्रकट, 8. ऊट-पटाँग, बेतुकी।

पोर्टरेट 1980

मौसम बदलने की रुत मेरे अन्दर नहीं आती है
मैं तो समन्दर की मौजों के
पुर-सुकून[1] हो जाने के वक़्त
साहिल की सिम्त[2] जाती हूँ
शायद इसलिए आग मेरी जुबान की साथी है
और मैं दोस्तों की रुख़्सती[3] का नौहा[4]
वैसे तो, हर नया अन्दोह[5] गुज़श्ता[6] की तजदीद[7] ही करता है
मगर फिर भी नया लगता है
बिल्कुल ऐसे, जैसे इक नया दोस्त!

इतने महीन लम्हे कि जिनके आर-पार
एक-सा दिखाई दे
तअल्लुक़[8] की उम्रें सँभाले होते हैं
गुलाब का रंग मेरे चेहरे पे नहीं ठहरता
और मेरी जुबान की सुर्ख़ी
लाल पेंसिल से बनी लगती है
कि मौसम बदलने की 'रुत' मेरे अन्दर नहीं आती है

---

1. शान्त, 2. तरफ़, ओर, 3. विदाई, 4. विलाप-गीत, 5. दुख, 6. व्यतीत, 7. नवीनीकरण, 8. सम्बन्ध।

साँप-केंचुली

हमारे मुल्क में परिन्दों को प्यार करते दिखाने की इजाज़त है
हमारे मुल्क में इनसानों को प्यार करने और
प्यार करते दिखाने की इजाज़त नहीं
वो शायद इसीलिए शादी करते हैं
नाख़ूनों की पोरों तक दहकते ख़ून
और आँखों की लवों तक फैले जज़्बों को
शादी का नाम देते हुए
मेरी उँगली में फाँस बहुत चुभ रही है
मुझे आसमान का रंग आँखों में देखने की तमन्ना है
मुझे गुलाब का रंग होंट बनते देखने की आरजू है
मुझे मौज-मौज बदन की बेचैनियों से
मग़लूब[1] होने की वहशत दीवाना किये हुए है
मगर हमारे मुल्क में इनसानों को
प्यार करने और प्यार करते दिखाने की इजाज़त नहीं
इसीलिए तो आस्तीन से नाक साफ़ करते बच्चे भी
नाली पे बैठी लड़की को देखकर बावलों की तरह हँसते हैं
ख़्वाब देखते हुए लड़कियाँ डर जाती हैं
और चीख़ मार कर उठ बैठती हैं
और लड़के शैतान को कंकर मार-मार कर बेहाल हो जाते हैं
हमारे मुल्क में बेशर्मी की मुमानअत[2] है
इसलिए हमारे मुल्क में इनसानों को
प्यार करते दिखाने की इजाज़त नहीं

1. पराजित, 2. मनाही।

साहिल से आगे सहरा

मेरे बेजुबान ग़मों की चीख़ें
मेरे आँगन की धूप हैं
मेरी समाअत[1] के दरवाज़े चौपट खुले हैं
मगर न कोई अन्दर आता है
न इनको बन्द करता है
और न इन पर दस्तक देता है
मेरी आँखों की चौखट पर
उकताये हुए लम्हों की सूनी बारात
पलकों से याक़ूत[2] चुनती हुई
रग-रग में उदासी उतारती हुई
सूरज के निकलने की सरखुशी[3] से इनकार करती है
रात की आसूदगी[4] को ख़ैमा-ए-ग़म[5] समझती है
और ये मानने से इनकार करती है
कि मौत के जंगल में
कोई चिड़िया नहीं बोलती है
कोई सुबह
पलकों को जुदाई के रास्ते पे लाकर
खड़ी नहीं करती है
यहाँ फ़ासिले दोस्त
और जुदाइयाँ रफ़ीक़[6] होती हैं
न रौशनी रास्ता दिखाती है
न अँधेरा रास्ता रोकता है
दरख़्तों से बातें करती हवायें

वहाँ क्या करने जाती हैं
मेरे कानों में तो उसकी आवाज़
सीपी में बन्द मोती की तरह महफ़ूज़[7] है
मेरे बदन की करवटों में उसकी मुहब्बत
दलदल में खिले कँवल की तरह मुस्कुराती है
छोटे तालाबों का पानी
ख़ुद उनकी ज़मीनें पी जाती हैं
नंगे दरख़्तों और चुटियल चट्टानों पे
बादल के साये से कोई फ़र्क़ नहीं पड़ता है
अकेले में रोने से भी कोई फ़र्क़ नहीं पड़ता है
राइटिंग टेबल की दराज़ मैंने खोली
ऐलबम में लगी तस्वीरों में पूरा ख़ानदान था
सब ख़ुश थे, हँस रहे थे
आज मेरी आवाज़ ख़ाली कमरे में गूँज रही थी

---

1. सुनने की शक्ति, 2. मोती, 3. मस्ती, हलकी-हलकी ख़ुमारी, 4. ख़ुशहाली, 5. दुखों का डेरा, 6. प्रिय, 7. सुरक्षित।

उदासियों के चटख़ने की आवाज़

मौत एक दरवाज़ा है
जो ज़िन्दगी से जिला-वतनी[1] की सरज़मीन[2] पे खुलता है
मौत एक रौशनी है
जो हमारी आँखों से कशीद[3] करके मिट्टी में
बो दी जाती है
मौत एक चराग़ है
जो बारिशों में जलता है और आँधियों को अपना रिज़्क़[4] बनाता
है
मौत एक आहट है
जो देखी जा सकती है
सुनी जा सकती है
मौत एक उनवान है
जो किताब के हर वर्क़ पर
हर नये नाम के साथ
हुवैदा[5] होता है
मौत ख़ामुशी का वो लिबास है
जिसमें कोई तार नहीं
कोई गिरह[6] नहीं
मौत आजिज़ी[7] का वो नौहा[8] है
कि जिसमें लफ़्ज़ भी नक़ाब पहन लेना चाहते हैं
मौत रुख़्सती[9] का वो मंज़र[10] है
कि जहाँ आसमान भी अपनी लामकानी[11] को
ख़ाक कर देता है

मौत आगही[12] का वो लम्हा है
कि फ़रामोश-गाहों[13] में पड़े दुख भी
मुसर्रतों[14] के आशियाने[15] मालूम देते हैं
भूलने के लिए एक लम्हा भी गिराँ[16] होता है
याद रखने के लिए एक उम्र नाकाफ़ी होती है

---

1. देश-निकाला, 2. धरती, पृथ्वी, 3. खेंच, 4. भोजन, 5. प्रकट, 6. जोड़, गाँठ, 7. बेबसी, 8. मृत्युपरान्त का रुदन-विलाप, 9. विदाई, 10. दृश्य, 11. असीमता, 12. बोध, 13. भूली-बिसरी जगहों, 14. ख़ुशियों, 15. बसेरे, 16. भारी।

बारिश होने में अभी देर है

मुहब्बत, बिना दस्तक दिए
मेहमान की तरह आई
और अपने तआर्रुफ़[1] के लिए
मेरे साथ बैठ गयी
सूरज उसके पीछे-पीछे आ रहा था
मैं कि जिसने
अन्दर की गुड़िया के बाजू, टाँगें और सर
खुद ही अलग-अलग करके फेंका था
गुड़िया के मुँह पे बटनों से बनी
चमकती आँखों में अब ज़िन्दगी देख कर
अँधेरी रात में सितारों की छाँव के गुदाज़[2] को
याद करने लगी
मुझे अपने अन्दर की गुड़िया का चेहरा
उस तराशे हुए बुत के चेहरे की तरह लगा
जो अपने ही ख़दो-ख़ाल[3] की तराश से
उड़ी ख़ाक में अटा हुआ हो
पीछे-पीछे आता हुआ सूरज अब सर पर आ गया था
जहाँ पुल न हो
कश्ती-कश्ती जोड़ कर पुल बनाया जाता है
दरिया पार किया जाता है
दरिया और कश्ती का रिश्ता कितना मज़बूत है
मेहमान की तरह आने वाली मुहब्बत ने
मुझे समझाया!

और मुझे साथ लेकर उन ज़मीनों की सिम्त[4] आ गयी
जहाँ हवा रंग में तहलील[5] तो हो जाती है
मगर बारिश नहीं बनती है
शायद कुछ और मुहब्बतें
हवा को और गर्म और शराबोर[6] कर सकें

---

1. परिचय, 2. संवेदन, 3. अंग-प्रत्यंग, 4. तरफ़, ओर, 5. विलीन, 6. सराबोर।

मोम-महल

मेरे ब्याह से पहले मेरी माँ
ख़्वाब में डर जाया करती थी
उसकी ख़ौफ़नाक चीख़ों से
मेरी आँख खुल जाती थी
मैं उसे जगाती, माजरा पूछती
और वो ख़ाली आँखों घूरती रहती
उसे ख़्वाब याद नहीं रहते थे
एक रात ख़्वाब में डर कर
उसने चीख़ नहीं मारी
ख़ौफ़-ज़दा[1] होकर मुझे अपने साथ चिमटा लिया था
मैंने माजरा पूछा
तो उसने आँखें खोलकर शुक्राना[2] अदा करते हुए कहा
"मैंने ख़्वाब में देखा था
तुम डूब रही हो और मैंने तुम्हें बचाने को
दरिया में छलाँग लगा ली है"
और उस रात बिजली गिरने से
हमारी भैंस और मेरा मंगेतर जल गये थे
एक रात माँ सो रही थी और मैं जाग रही थी
माँ बार-बार मुट्ठी बन्द करती और खोलती
और यूँ लगता कि जैसे कुछ पकड़ने की कोशिश में थक कर
मगर फिर हिम्मत बाँधने को मुट्ठी बन्द करती है
मैंने माँ को जगाया
मगर माँ ने मुझे ख़्वाब बताने से इनकार कर दिया

उस दिन से मेरी नींद उड़ गयी
मैं दूसरे सहन[3] में आ गयी
अब मैं और मेरी माँ दोनों ख़्वाब में चीख़ें मारते हैं
और जब कोई पूछे
तो कह देते हैं
हमें ख़्वाब याद नहीं रहते

1. भयभीत, 2. धन्यवाद, 3. आँगन।

सर्द मुल्क के आक़ाओं के नाम

मेरा मुल्क गर्म है
मेरे हाथों की तपिश का सबब[1] शायद यही है
मेरा मुल्क गर्म है
मेरे पैरों के जलने का सबब शायद यही है
मेरा मुल्क गर्म है
मेरे बदन पे आबलों[2] का सबब शायद यही है
मेरा मुल्क गर्म है
मेरे घर की छत पिघल कर गिर जाने का सबब शायद यही है
मेरी दीवारों के झुलसा देने के रवैये का सबब भी शायद यही है
मेरा मुल्क गर्म है
मेरे बच्चों के प्यासे रखे जाने का सबब शायद यही है
मेरा मुल्क गर्म है
मेरे बेलिबास रखे जाने का सबब शायद यही है
मेरा मुल्क गर्म है
शायद इसीलिए न बरसते बादलों के आने का पता चलता है
और न सैलाबों के गुज़र जाने का
कि मेरी फ़स्लों के उजाड़ने को
कभी महाजन, कभी जंगली जानवर, कभी आफ़तें
और कभी ख़ुद-साख़्ता[3] आक़ा आन धमकते हैं
मुझे अपने गर्म मुल्क से नफ़रत करना मत सिखाओ
मुझे इन आँगनों में अपने गीले कपड़े सुखाने दो
मुझे इसके खलियानों में सोना उगाने दो
मुझे इसके दरियाओं से प्यास बुझाने दो

मुझे इसके दरख़्तों की छाँव में साँस लेने दो
मुझे इसकी धूल को पहनने और मुसाफ़तों[4] को ओढ़ने दो
मुझे लम्बे होते सायों की छाँव नहीं चाहिए
मुझे तो निकलते सूरज की शुआओं[5] की हिमायत[6] हासिल है
सूरज अपनी तवानाई[7] मेरे मुल्क में अरज़ाँ[8] करता है
सूरज और मैं
सूरज और तुम
साथ-साथ नहीं चल सकते
सूरज तो मेरा हमसफ़र है

---

1. कारण, 2. छालों, 3. अपने आप बने हुए, 4. यात्राओं, 5. किरनों, 6. सहमति, समर्थन, 7. सामर्थ्य, 8. सुलभ, सस्ती।

हिलते होंटों का रज़्मिया

कँवल-ख़यालों ने आँख खोली
तो कच्ची पगडंडियों से ख़्वाबीदा[1] रास्तों पर
दराज़-क़ामत[2] जवाँ दरख़्तों के साँस बन कर हवा खड़ी थी
वो दहशतों को मुहब्बतों में बदलती रुत थी
सभी का जी चाहता था आँखें पलक न झपकें
सभी का जी चाहता था रक़्से-सहाब[3] देखें
सभी का जी चाहता था लुत्फ़े-ख़िताब[4] पहनें
वो मंज़रे-जाँ[5]
कि जिसमें दहशत मुहब्बतों में बदल रही थी
वो जश्ने-ख़्वाहिश[6] का मुद्दआ था
वो सादा क़िर्तास[7] पे मआनी[8] का सिलसिला था
मुझे भी सादा वर्क़ के साहिल पे
लफ़्ज़-कश्ती में बैठ के
वो मुराद-रेज़े[9] समेटने हैं
कि जिसमें सहरा
वफ़ा की तारीख[10] का मुक़द्दर नहीं बनेंगे
कि जिसकी तारीख़ में अमल की चराग़-आँखों को
रेत-आलूदा[11] कर न पाये
ये लफ़्ज़-कश्ती
वो हर्फ़े-इमला लिखे
कि ख़ामोशियाँ तकल्लुम-निज़ाद[12] निकलें
ये लफ़्ज़-कश्ती
वो मुज़्तरब[13] बादबान खोले

कि ख़्वाब-लहरों पे घर बसाने की ख़्वाहिशें
वो जज़ीरा[14] देखें
कि जिसमें दहशत मुहब्बतों में बदल रही हो

---

1. सुप्त, सोये हुए, 2. लम्बे शरीर, 3. बादलों का नृत्य, 4. वार्तालाप का आनन्द, 5. प्राणों का दृश्य, 6. इच्छाओं की पूर्ति का उत्सव, 7. काग़ज, पेज़, 8. अर्थ, 9. इच्छाओं-कामनाओं के टुकड़े, 10. इतिहास, 11. धूल-धूसरित, 12. मुखर, बातचीत-सम्पन्न, 13. व्याकुल, बेचैन, 14. टापू।